SAINT-BRIAC

APPEL AUX ÉTRANGERS

SAINT-BRIAC

LA CAMPAGNE, LA PÊCHE

ET LES BAINS

OU

STANCES AUX DAMES

PAR UN HABITANT

SAINT-MALO

IMPRIMERIE RENAULT, PLACE DUGUAY - TROUIN, N° 1

—

1874

Monsieur Conty, dans son excellent Guide sur les Côtes de Bretagne, dit en parlant de Saint-Briac :

« SAINT-BRIAC, petit bourg de 2,000 habitants, situé dans une position exceptionnelle, n'a, selon moi, qu'un seul défaut, celui d'être inconnu. Placé au bout du monde, loin du bruit, du luxe et des entraînements, cet endroit charmant est un séjour enchanteur que je ne saurais trop recommander aux familles qui veulent prendre des bains dans des conditions exceptionnelles de bien-être et de santé.

» A côté de Saint-Briac, se trouvent, près du bord de la mer, de petits villages appelés la Chapelle, le Beschet et la Ville-Hue, où l'on peut trouver à se caser à des prix fabuleux de bon marché.

» Petites bourses, allez donc à Saint-Briac ; car, en dehors d'un air pur et sain, vous y trouverez une pêche abondante de moules, de homards et de crevettes roses connues sous le nom de Bouquet.

» Sable uni et fin, et nombreuses baies où l'on peut prendre les bains sans danger aucun. » Voir cet ouvrage pour les détails.

Ajoutons que Saint-Briac n'est qu'à six kilomètres de Dinard ; que le service des omnibus est doublé ; que le trajet entre ces deux points s'effectue en une heure ; qu'à Saint-Briac il n'y a pas moins de quarante petits bateaux qui, chaque jour, vont à la pêche, et qu'il n'est pas rare de voir dans son port des bâtiments de commerce.

En un mot, à Saint-Briac, tout œil est ravi des beautés qu'il découvre sur la campagne, dans les baies et sur la mer qui vient battre ses flancs si gracieusement découpés et les circonscrire.

AVIS

à mes

CHARMANTES LECTRICES

Je ne monte point sur Pégase,
    Je n'y pourrais tenir,
Et je ne bois pas dans mon vase
    De l'eau qu'il fit jaillir
De la poétique fontaine
    Qu'on appelle Hippocrène,
Qui, sous son coup de pied, dit-on,
Prit naissance sur l'Hélicon ;
Mais je bois de l'eau de la Seine,

Du Nil et du Japon,

Du fleuve du Bengale,

Du Pérou, de Canton,

De partout j'en avale

Sans dire jamais non;

Car, dans tous les lieux de la terre

J'ai soif et je me désaltère :

Enfin sous l'Équateur, me mouillant jusqu'aux os,

J'en remplis au besoin en un jour dix tonneaux,

Et par prudence et par nature

J'affirme en boire avec mesure,

Et sans souci faire ces vers

A ma guise et de pieds divers.

STANCES AUX DAMES

Mesdames et Mesdemoiselles,
Quittez la ville et ses plaisirs ;
Changez de climat, ô mes belles !
Pour satisfaire à vos désirs.

Le printemps verdit la campagne,
Ah ! quelle agréable saison !
Quand d'amitié l'on s'accompagne
L'amour vous suit, il a raison.

Il aime les fleurs et l'ombrage,
La mousse, les champs et les bois ;
Sur un gazon, sous un bocage,
Plus libre et plus tendre est sa voix !

Avec lui vous serez tranquilles
Sous ces mystérieux bosquets,
Berceaux qui l'ont vu naître, asiles
Que Flore façonne en bouquets ;

Aux amants ce dieu les destine,
Et s'il les parcourt avec vous,
Avec sa grâce un peu mutine
Il rendra vos plaisirs plus doux !

A la campagne l'on respire
Un air frais et délicieux,
D'aise venez donc y sourire,
Trève à vos esprits soucieux ;

Venez la voir dans sa parure,
Toucher, sentir ces belles fleurs,
Suivre ce cours d'eau qui murmure,
Ces hôtes des bois, gais viveurs.

Sans nous occuper des Naïades
Fuyant des lacs sous les roseaux,
De Pan, des Nymphes, des Dryades,
Des Satires plus laids que beaux :

Ensemble allons dans la vallée
Où j'ai vu Lise avec Lubin,
Où jamais âme n'est allée
Sans commettre un pétit larcin ;

Là, le bouvreuil et la fauvette,
Le rossignol et le pinson,
Comme dans les airs l'alouette,
Tout chante amour à l'unisson !

Tout plaît. Ici, sous la feuillée
C'est des oiseaux le rendez-vous ;
Leur gaîté, leur tendre hyménée
Vous porte aux transports les plus doux !

Là-bas où l'œil encore se plonge,
C'est un site, un bois, un coteau,
Puis un ravin qui se prolonge
Et passe au pied de ce hameau.

Là, c'est un gazon, une source,
Des lis naissants, des boutons d'or,
Des pâquerettes, de la mousse,
Des rameaux et des fleurs encor !

Leurs parfums pénètrent dans l'âme,
Et dans le cœur et dans les sens,
Comme un rayon, comme une flamme,
Comme un regard, comme un encens.

A l'ombre assis sous la coudrette,
Ecoutez ces tendres amants
Soupirer, se compter fleurette,
Faire des projets, des serments.

Voyez Lucas et Marguerite
Au bord de ce charmant vallon,
Où l'Amour aussi les invite
Et leur offre un lit de gazon.

Telle on vit, sous ce vert feuillage,
Suzette aux yeux brillants et doux,
Malgré son petit cœur volage,
Sur cent amants prendre un époux!

Morin avec Eléonore
Ici se rendaient tous les jours,
Et ces ormeaux frêles encore
Furent témoins de leurs amours.

Il est doux d'aimer, de le dire
Et bien plus doux de le prouver.
Valrick à ce bonheur aspire
Et Célimène va trouver.

Tel, Guillot vole à sa bergère,
Le chien seul garde les moutons ;
Laure et Valsin dans la fougère
Ne content pas des ducatons ;

Leur regard, leur muet langage,
Leur sourire, leur doux baiser,
Leur vif désir, leur badinage,
Font leur cœur de feux s'embraser.

Mais voyez cette riche plaine
Et sur ses menus pieds dansant
Tout le troupeau de Madeleine
Pendant qu'elle est filant, chantant !

Quittons ces aspects pleins de charmes,
Ces beaux lieux trop peu visités,
Et tous ces êtres sans alarmes
Dans ces beaux jours de voluptés.

Car, qui n'a plaisir, allégresse ?
Tout vit et tout aime et tout sent ;
Tout se recherche avec ivresse
Et tout à s'entendre consent ;

Tout parle aux yeux dans la nature
Et rend hommage au Créateur,
Tout nous montre au mieux sa structure,
Son langage et sa vive ardeur ;

Les brillantes filles de Flore
Sourient au baiser du zéphyr,
Et comme un sein qui s'en décore
On les regarde avec plaisir ;

Le soleil réchauffe la terre,
La féconde, l'épanouit,
Et le produit de cette mère
Nous fait vivre et nous réjouit ;

La nuit enfante plus d'étoiles,
L'aurore voit plus de doux feux,
De soupirs sous ses blanches voiles,
De baisers, de ris et de jeux ;

La mer et plus chaude et plus calme
Donne aux belles plus de santé ;
Alors l'Amour avec la palme,
Vient, sourit, l'offre à la beauté !

Venez donc explorer nos plages :
Sable fin, superbes contours,
Rien ne manque à ces beaux parages
Si ce n'est vous dans ces beaux jours !

Non loin des riches de la terre
Que DINARD a pompeusement,
Ici l'on ne se gêne guère,
On n'en a que plus d'agrément.

La coquette à l'œil laisse à mordre
Sur ce qu'elle a de plus flatteur ;
Telle autre, en son charmant désordre,
Platt, passe, aiguillonne le cœur.

La modestie est l'apanage
Des demoiselles que j'y vois :
Grâce, esprit, beauté, doux langage,
En elles tout brille à la fois !

Eh quoi ! je sors de mon programme ?
Ah ! c'est que j'ai les yeux sur vous,
Objets d'une tendre épigramme,
Pardon, je suis à vos genoux.

Pour vous, Mesdames, je m'égare
Et ne vous laisse qu'à regret ;
Mais il faut bien que je répare
Le pied coupé de mon sujet.

Nous avons vu les monts, les plantes,
Les prés, les champs dans leurs splendeurs,
Les bois, les chèvres bondissantes,
Les bergers, les oiseaux, les fleurs :

Allons donc au bord de la rive
Voir l'onde où se mirent les cieux,
Avant que l'Aquilon arrive,
L'agite et la trouble à nos yeux.

Tiède et comme un sein qui respire,
Montant haut et descendant bas,
A chaque lune elle attire
Mille personnes sur ses pas.

Ce bel esquif porte à la rame
Vingt fillettes au cœur joyeux,
Dont chaque amant est un Pyrame
Qui leur promet des jours heureux.

Là, d'un entrain dont rien n'approche,
Pour y pêcher, rire et jaser
Sur ces îlots, sur cette roche,
Folles, il va les déposer.

Si vous voulez faire comme elles,
Profiter de vos doux loisirs,
Quittez vos parures, mes belles,
Vos beaux atours pour ces plaisirs.

Sans blancs jupons, robes de soie,
Allez gaîment où le poisson
Entre les jambes se fourvoie :
C'est là qu'on en prend à foison !

Meilleur est celui que l'on happe,
Et c'est un divertissement ;
S'il en est qui de vous s'échappe,
Courez après très-lestement.

Plus vives, légères, ingambes,
Que la mouette au bord des mers,
Dégagez-vous les pieds, les jambes,
Des rochers, des longs herbiers verts.

Quand la vague écume et remonte,
Bien fatigué l'on rentre au port ;
Mais restauré le corps se dompte
Et mieux l'on vit et mieux l'on dort.

Voilà le plaisir. Chacun trotte,
Dévore un temps qui court aussi ;
On vient au bain, l'on y grelotte,
Mais l'on se frotte sans souci.

Parfois un vêtement déchire,
Ou tombe ou se perd dans les flots ;
De ce malheur on en peut rire
Et l'on en rit fort à propos.

Aux demoiselles comme aux dames
Ces accidents sont arrivés,
Et l'on voyait entre deux lames
Des appas blancs et relevés !

Que dis-je ? Ah ! pardon pour la rime
Qui cède encore à la raison :
Je ne passerai point la lime
Sur ce qui pointe à l'horizon.

Or, sexe aimable, prenez garde,
N'allez jamais trop loin nager,
Bien que toujours l'on vous regarde,
Qu'on vole à vous à tout danger.

Mais voici vingt endroits superbes,
Au choix et des vents abrités,
De l'Ouest au Sud et jusqu'aux herbes
Où des *lièvres* se sont gîtés.

Cependant, la liquide plaine
Ne s'étend que deux fois par jour
Sur ces lieux où le soleil gêne
Nos beautés mêmes d'alentour.

Sans frais vous aurez vos cachettes ;
Des rochers fendus comme exprès
Dérobent ces jeunes fillettes
Aux regards les plus indiscrets.

Enfin, derrière la Chapelle,
Grand village au Nord adossé,
N'est-ce pas que la mer est belle
Dans ce demi-cercle tracé ?

Ces hauts rochers, cette presqu'île,
Sont comme deux longs bras tendus
Entre lesquels on est tranquille,
Où tous vous êtes attendus.

Ici, la grève est plane, unie
Et d'une douce inclinaison,
Sans crainte et sans cérémonie
Baignez-vous toute la saison.

Au-dessus, là, sur l'herbe sèche
Où jouent et la bonne et le chien,
Au pain frais l'appétit fait brèche,
On chante, on danse et l'on boit bien !

Maintenant, par ce beau dimanche,
Voulez-vous un coup d'œil lancer,
Voir sur ce côté de la Manche
Mille bateaux se balancer ?

Montons sur ce haut promontoire
Qu'on appelle Garde-Guérin,
D'où l'âme à ce Dieu qu'il faut croire
S'élève avec son chant divin.

Du centre de ce cercle immense
Décrit avec un long rayon,
Voyez le ciel, voyez la Rance
Et le terme de l'horizon ;

Saint-Ideuc, et plus loin Cancale
Pour ses huîtres si renommé ;
Deux sous pour une qu'on avale,
C'est cher. Ah ! voilà Paramé !

Plus qu'aucun il produit des ânes,
Des carottes et des navets,
Des fruits, des choux à pleines mannes,
Du lait, du cidre et des poulets !

Voici Cézembre et la Conchée,
Saint-Malo, Saint-Servan, Dinard
Qui n'a point la tête penchée
Comme sous ses ans un vieillard.

Saint-Énogat s'offre à la vue,
Et plus près Saint-Lunaire en deuil, [1]
Son vieux clocher à flèche aigüe
Porte un coq qui se gratte un œil.

Au bas, sur une croix de pierre,
Devant la porte du saint lieu,
Dos à dos, chose singulière,
On voit la Vierge et le bon Dieu !

Non loin se trouve une fontaine
Qui des yeux guérit tous les maux
En tenant du saint la main pleine :
Ah ! que les saints sont à propos ! [2]

Du cap Fréhel voilà la pointe
Avec son beau phare tournant ;
Autrefois dans sa large enceinte
On pêchait plus que maintenant.

[1] Parce qu'il est encore sur les touffes tumulaires de ses aïeux.
[2] Loin de moi toute idée de critique en ce quatrain et le précédent ;
je cite des faits.

Là, crénelée et gigantesque,
S'élève la fameuse tour
Des Ebhiens. Pleine est elle presque,
Mais de paille à chauffer le four :

Là-bas, tout fier d'une victoire,
Paraît Saint-Cast, et comme ses marins
Ceux de Saint-Jacut, l'on peut croire,
Sont intrépides et malins.

Saint-Jacut aux ronceuses haies,
D'arbres et de fleurs dépouillé,
Mais où des chapelets de raies
Ont naguère au soleil grillé !

Comptez de l'horizon bleuâtre,
Languenan, Ploubalay, Lancieux,
Où près leurs pots de lait dans l'âtre
On fume à perdre les deux yeux !

Mais ce riant séjour, Mesdames,
Cette rivière d'un côté,
La mer de l'autre avec ses lames,
C'est Saint-Briac sans voix chanté !

Salut ! Pour toi je me découvre,
Saint-Briac au sol fortuné ;
A ton doux aspect mon cœur s'ouvre ;
J'aime et me plais où je suis né.

Salut à ton clocher gothique ;
Salut à tes tertres mousseux ;
Salut à ton calvaire antique,
Salut à tous tes gens heureux.

Salut aux douces mélodies
Du vert feuillage et des roseaux ;
Salut, bois, fleurs, vertes prairies,
Champs embaumés, petits oiseaux.

Salut, rochers, vagues plaintives,
Qui semblez vouloir tour à tour
Baiser ces ombres fugitives
Et changeantes sous l'œil du jour.

Salut, pêcheurs, belles baigneuses,
Jeunes beautés aux grands yeux bleus,
Vieillards pensifs, mères pieuses,
Amis, amants, enfants joyeux.

Salut, Filles de la Sagesse
Aux fronts purs et blancs comme un lis,
Chastes femmes dont l'œil caresse,
Guide et suit nos enfants chéris.

Salut, toi qui bénis, consoles,
L'homme qui naît, vit pour souffrir;
Que toujours tes douces paroles
Le préparent à bien mourir!

Salut, ô mon charmant village,
Où l'on peut voir d'une forêt,
En argile sur le rivage,
Le reste encore qui paraît.

Frais gazons, tendres violettes,
Berceaux champêtres des amours,
Recherchés de maintes fillettes,
Salut : c'est vers vous que je cours !

Salut aussi, douces compagnes
Qui m'honorez jusques ici ;
Mon cœur vous offre en ces campagnes
Un bouquet et son long merci.

Saint-Briac, entends ma prière,
Appelle les heureux du temps
Sur tes bords couverts de bruyère
Et dans tes eaux et dans tes champs.

Grand Saint! prends sous ton patronage,
Ceux qui viennent te visiter ;
Montre-leur ta riante image
Fais-les toujours te fréquenter.

CONCLUSION HYGIÉNIQUE

Au printemps courez la campagne,
Et tout l'été, soir et matin,
Aussi gaîment allez au bain,
Et même à la pêche où l'on gagne
Et de la force et de la faim.
Pour six longs mois rentrez en ville,
Vivez bien, travaillez le jour,
Sur un bon lit dormez tranquille
Et chaque soir parlez d'amour;
    Car c'est l'heure
    Pour le cœur
    Plein d'ardeur
    La meilleure,
    Et sentir
    Que l'on meure
    De désir,
    De plaisir,
    C'est mourir
    Sans souffrir !

Amis−lecteurs, j'ai fini, je m'arrête
Sur un sujet pour moi trop délicat ;
Je n'ai l'esprit ni les dons d'un poète,
J'exerce, hélas ! un bien plus rude état :
Dans l'Océan poussé par la tempête
Et par la mer qui me couvre et m'abat,
Entre l'abîme et le ciel sur la tête,
Voilà les champs où mon âme combat !
Pardonnez donc à mon cœur sa bluette ;
Il prétend même à ce beau résultat
Comme à vous voir folâtrant sur l'herbette
Ou sur la plage, ou dans l'eau qui la bat.

MÉLANGES

Et Fragments

CONDUITE D'UNE MÈRE
A l'égard de ses Enfants.

Aux mères de famille ici mon cœur s'adresse
Et sans prétention voici ce que je dresse :
De vous à vos enfants j'esquisse le devoir
Que vous devez remplir selon votre pouvoir ;
Dieu, qui vous fit ce titre et d'épouse et de mère,
Voulut que votre amour fût pour eux salutaire.
A vous de les placer dans la route du bien
Et de former en eux un cœur humble et chrétien ;
A vous de les veiller dès leur plus tendre enfance,
De les guider toujours par votre expérience ;
De leur donner ces soins répétés tant de fois !
De les encourager du geste et de la voix ;
D'attacher vos regards sur eux avec tendresse ;
De lire sur leur front la joie ou la tristesse ;
De vivre de leur vie et souffrir de leurs maux ;
De pleurer, de gémir, de perdre tout repos ;
De leur sacrifier vos plus beaux jours de vie;
Votre corps, votre sang, toute votre énergie ;
A vous ce dévouement d'un cœur tout maternel,
Vous méritant la gloire et le bonheur du ciel

En vous faisant pour eux travailler sans relâche !
Mais pour bien accomplir votre sublime tâche,
Par vos dits et vos faits ne leur donnez jamais
De coupables pensers ni d'exemples mauvais ;
Car les impressions qui frappent la jeunesse
Se conservent souvent jusque dans la vieillesse.
Un caractère bon, ou mauvais, ou mal fait,
En est un excellent ou détestable effet.
L'enfant ne doit ouïr les tendres bagatelles,
Les contestations, encor moins les querelles
Qu'entre eux certains époux ont parfois pour un non ;
C'est se manquer d'égards, et sur ce mauvais ton
C'est mettre sans pitié tout amour à la porte,
Ses pauvres cœurs en deuil de la plus triste sorte,
Et rendre comme soi ses enfants malheureux ;
Abandonnez ici ce drame douloureux ;
Aimez-vous donc. Aimer ! c'est la loi la plus tendre ;
On ne doit qu'à l'amour le bonheur de s'entendre.
Du moins pour vos enfants sachez vous contenir ;
A chaque faute, ô mère ! à vous de les punir,
Mais sans brutalité comme aussi sans faiblesse ;
Gardez-vous de sortir des droits de la sagesse,
Ou vous perdrez tout frein et toute autorité ;
Ménagez vos pouvoirs et votre dignité ;

Soyez bonne, indulgente, affable et non moins ferme,
Qu'aucune préférence en vous jamais ne germe.
Faites-les vous aimer, honorer, respecter,
Vous obéir en tout et sans vous répéter ;
Vous craindre s'il le faut quand l'affection même
Ne les fait pas agir comme à les voir on aime.
Commandez-les toujours très-sérieusement,
L'excessive bonté les gâte assurément ;
Faites-les être, entre eux, d'un commerce agréable,
S'entre obliger, s'aimer d'une amitié durable,
Et mettre dans le choix de leurs jeunes amis
La circonspection dont vous savez le prix.
Qu'ils soient bons, gracieux, doux, recherchants, faciles,
Sincères, complaisants, discrets, soumis, dociles,
Bienveillants sans orgueil, aimables sans fierté,
Et pour les malheureux remplis de charité.
Ailleurs comme chez vous qu'ils n'aient pas un langage
Tel que celui qu'on tient au bourg comme au village ;
N'est-il pas désolant d'entendre, à tout propos,
De la plupart des gens ces pitoyables mots ?
Essayez au contraire avec délicatesse
De les mettre d'accord avec la politesse.
Faites-les aimer Dieu d'un véritable amour,
Le reconnaître en tout, le prier chaque jour ;

Formez leurs jeunes cœurs à ces vertus pratiques,
A ces devoirs tirés des lois évangéliques ;
Faites-les détester le vice avec horreur,
Aimer la probité, la sagesse et l'honneur ;
Maintenir en tout point une grande décence,
Bannir l'oisiveté qui porte au mal qu'on pense,
Et fuir les libertins dont le cœur corrompu,
A l'enfance, en un jour, enlève la vertu ;
Puis interdisez-leur ces livres, ces lectures,
Capables de ternir les plus belles natures ;
A vos filles surtout défendez ces romans,
Aux intrigues d'amour, aux lubriques élans :
Les meilleurs ne sont bons qu'à fausser les idées,
A jeter dans l'esprit d'énervantes pensées ;
Il peut en résulter pour elles leur malheur,
Et peut-être leur honte et votre déshonneur !...
Ici mon cœur se tait et ma plume s'arrête ;
Je n'irai pas plus loin, c'est vous casser la tête ;
Mais retenez encor que l'éducation
Doit s'apprendre chez vous plutôt qu'en pension ;
Au pensionnat même une brebis galeuse
Est, infailliblement, brebis contagieuse ;
Tel, à la bergerie, on voit tout un troupeau
Jusqu'au cœur infecté par un galeux agneau.

Après l'été vient l'automne, après l'automne l'hiver. Que faire alors le soir à la campagne ? Brûler du bois, se chauffer d'un côté, glacer de l'autre et conter des contes à ses enfants qui veulent aussi faire la veillée. Un soir donc, n'en sachant point, pour avoir la paix avec les miens, je leur fis celui-ci. Aimables mères, puisse-t-il intéresser aussi un instant les vôtres.

La bonne Femme et les Loups

— CONTE —

Autrefois une pauvre vieille
Loin d'un petit village et près d'une forêt
Demeurait,
L'été jour et nuit travaillait,
Et, bonne femme sans pareille,
Jamais de rien ne se plaignait !
Elle vivait ainsi sur son gain de la veille.
Pas à pas l'hiver arriva,
Mais avec son terrible et menaçant cortége
D'ouragans, de glaçons et de pluie et de neige !
La bonne femme un jour bien triste se trouva,
N'ayant ni pain ni feu ! Dans sa gêne cruelle,
Que faire, ô mon Dieu ! se dit-elle,
Ici, faut-il enfin mourir ?
Hélas ! avec quoi me nourrir ?
J'ai bien là des pommes de terre,
Mais du feu ! c'est une autre affaire ;

J'en manque et pourtant il m'en faut,
Je ne les mangerai pas crues,
A ce bois faisons donc un saut
Sans craindre les bêtes velues :
« Car il en est plein, mes enfants,
De bêtes, de loups bien méchants
Qui par la faim toujours en sortent,
Rôdent partout et tout emportent :
    Moutons, chèvres, chiens, chats,
    Comme ceux-ci des rats,
Et dans les champs à leurs attaches
Souvent ils étranglent des vaches,
De pauvres chevaux, des mulets,
De têtus, vaillants bourriquets,
Dont toujours ils font bonne chère,
Et d'autres meurent de misère
Au milieu des grandes forêts. »
Mais revenons à notre conte
Et ne soyons plus si distraits ;
La vieille, au bois, trouve son compte ;
Voilà qu'au moment de partir
Elle entend des cris, se détourne,
Voit des loups sur elle courir !
Tremblante, la tête lui tourne
Sous son gros paquet de bois ; mais,
Ne voulant pas laisser son faix

Et s'armant de tout son courage,
Franchit la forêt sans feuillage
Et court tout le long du chemin !
Haletante, elle arrive enfin !
A peine dans sa maisonnette
Survient un des loups qui la guette ;
A sa porte il est à hurler,
Il y gratte et la fait trembler !
Pendant ce temps la pauvre vieille,
Qui voudrait l'éloigner un peu,
Met de l'eau sur un bon grand feu
Qui bientôt la chauffe à merveille.
Au grenier montée, elle veille,
Et puis, la flaque tout d'un coup,
Bouillante, sur le dos du loup !...
Enfants, jugez de sa grimace,
De ses cris plaintifs, de la trace
Que l'eau fit sur son vilain dos ;
Il souffrait jusque dans les os !
Allez, allez, coquin, dit-elle,
Aux autres porter la nouvelle,
Et sachez respecter des gens
Et la demeure et les vieux ans.

STANCES A MA FILLE

(Sur l'air du *Fil de la Vierge*).

Viens et chante avec moi, ma petite Marie,
    Au bel œil noir,
Au front calme et bruni des beautés d'Italie
    Qu'on aime à voir :
Toi, n'es-tu pas plus belle en tes jours d'innocence
    Et de candeur,
Et ton cœur n'est-il pas ouvert à l'espérance
    Comme au bonheur ?

Grandis, ô mon bel ange, à l'ombre de ta mère
    Qui t'aime tant ;
Mais grandis en sagesse, en esprit, en lumière,
    O mon enfant !
Et si tu veux toujours que mon cœur te bénisse
    Et veille au tien,
Sois bonne, obéissante et pour qu'on te chérisse
    Aime-nous bien.

Mais encore aime et prie, aimable et chère fille,
Le bon Jésus,
Pour ta mère et pour moi, pour ceux de ta famille
Qui ne sont plus !
Matin et soir enfin prie aussi pour toi-même
Avec ferveur :
La prière et l'amour, de l'âme, écho suprême,
Font le bonheur.

Maintenant, dors en paix, dors, ma fille chérie,
Sur les genoux
D'un père heureux et fier de t'avoir, ô Marie,
Objet si doux !
Ferme tes jolis yeux ouverts depuis l'aurore,
Et demain soir
En nous embrassant bien nous chanterons encore,
J'en ai l'espoir !

AVIS A TOUT PROPRIÉTAIRE
Dont le Chien veut du Perroquet.

(ANECDOTE)

Une excellente dame
Avait un perroquet
Du plus fameux caquet.
Un certain monsieur Kame,
Riche anglais de nos jours, était marchand de sel :
(Il est d'heureuses gens dont le bonheur est tel)
Ce personnage alors manquait de courtoisie,
Mais son vorace chien ne manquait pas d'envie.
Citons la vérité :
Par un beau jour d'été
Sur son bidet monté
Dans une cour il entre;
Le chien, la rage au ventre,
Fond sur le perroquet
Et l'étrangle tout net.
Que fait monsieur Kame ?
Va-t-il vers la dame
Parler de regrets ?
Non, et sur ses traits
On voit le sourire
Et cet air de dire :
Point tant d'embarras,
Si mon chien déchire
Ce roi pris au bas
De son maigre empire,
C'est un léger cas ;
Je suis monsieur Kame,
Or je n'irai pas

Trouver cette femme.
Et l'original
Sur son animal
Plus doux que brutal,
Mais haut sans égal,
Se tient à cheval
Comme un caporal
Quand son chien chacal,
Creux comme un fanal,
Fait le plus grand mal
A l'être amical
Qui du Sénégal,
Son pays natal,
Etait sans rival
Sur l'horizontal
D'un bois vertical,
Son petit local !
Or, au tribunal
Sans procès-verbal
De ce trait fatal,
Assez capital
Pour être au total
Un regret final,
Le juge légal
Toujours matinal,
Et moins gai qu'au bal,
Parla de métal
A l'original.
Car pour sa haute suffisance
La dame ne s'en tint pas là,
Et fit bien. Elle l'appela

Au canton dans une audience,
Où même aussi le chien entra.
Que dit alors monsieur Kame
En présence de la dame ?
Quel fut son caquet
Contre un perroquet
Qui parlait si net,
Dont le joli plumage
Séyant à son ramage
Lui valut le doux nom
De perroquet mignon ?...
Mesdames, n'allez pas en rire,
Je vais en deux mots vous le dire :
Il plaida bel et bien
Pour lui-même et son chien ;
Mais il ne prouva rien
Malgré son éloquence
Et toute l'importance
Dont il s'enflait, dit-on ;
Aussi ce monsieur Kame
En perdant tout de bon
Reçut une leçon
De la très-bonne dame.
Et d'une autre façon
Sans pouvoir dire non,
La séance finie
Et dedans la mairie,
Avec des louis d'or
Il paya tout le tort
Que fit à la dame
Son grand chien qui mord !

LA PLAINTE D'UN AMI

« — Qu'on me lise
Et baptise
Ma franchise
De sottise,
Soit. Je puise
Quoi qu'on dise
A la brise
Qui m'avise,
Que Louise,
Ma promise,
Peu soumise,
Qui se frise
En marquise,
Est éprise
De Valnise,
Et surprise
Qu'à l'église
On médise,
On la vise
Sous sa mise
Fraîche et grise,
Belle, exquise,
Qu'à sa guise
Elle a prise.
Voilà le motif
Qui me pique au vif.
Est-ce un fait, un soupçon, une métamorphose?
Comment prendre la chose?

La probabilité
N'est pas la vérité.
Sur une conjecture
Je dois donc, simplement, traiter de ma future.
Si s'en mettre en courroux
C'est se montrer jaloux,
Dites-moi ce que faire
Sans être téméraire ?
Faut-il en pareil cas
M'attacher à ses pas,
Dormir sur cette affaire,
Avancer, rompre ou me taire ?
Vraiment son joli pied, sa main, sa chevelure,
Son beau corps élancé, sa trop belle figure,
Tous ses divins appas
Ne me préservent pas
Du malheur que je crains et qui fait ma torture !
Je l'aime, je l'adore, et je sens que mes maux
Nés de ce tendre amour m'enlèvent tout repos.
Quel est donc, ô mon Dieu ! ce singulier caprice,
Ce penchant qui l'entraîne au bord du précipice,
Car enfin je l'y vois.
Ah ! si le pied lui glisse
Comme il en est parfois,
Morbleu ! qu'elle en rougisse...
Eh ! pourquoi m'alarmer si c'est là son désir,
Si par le changement elle a plus de plaisir,
Si son âme ébranlée, amoureuse, éperdue
Lui fait voir dans un autre une joie inconnue !
Ange-Démon, dis-moi qui te donna le jour,
Qui te créa perfide et si folle en amour ,

Etre indéfinissable aux formes trop bien faites,
Coquette au cœur volage, amante des défaites,
Séduisante panthère à porter un jupon,
Mille ornements divers, des plumes, un lorgnon,
De faux cheveux moins beaux que ceux de ta personne,
Des fleurs, des diamants sur ta tête mignonne,
Et sur ton sein d'albâtre une petite croix,
Signe de ta vertu qui me trompe, je crois ?
Dis, est-ce que ton cœur de son trésor immense
Aurait perdu la paix que donne l'innocence,
Tes traits de leur beauté, ton front de sa candeur,
Ta bouche son souris, tes beaux yeux leur langueur ?
Non, je n'en croirai rien, je crois que c'est un songe,
Un rêve que j'ai fait, une erreur, un mensonge,
Que Zéphyr en passant m'aura dès le matin
D'une méchante langue apporté le venin.
Pourtant je crains, je doute, et, troublé de la sorte,
Je vais, je viens, je cours de mon lit à la porte ;
Je ne vis plus, je meurs ; privé de tout sommeil
D'ici je vais sortir au lever du soleil.....
Va, j'ai pour mon rival le cœur tout plein de rage
Et saurai bien pour toi me battre avec courage,
Te prouver mon amour, t'arracher quelques pleurs,
T'obliger à m'aimer, à me couvrir de fleurs,
A m'accorder enfin tes plus douces caresses,
Tes baisers savoureux et maintes gentillesses,
Ou malheureux, tombant, poussant un long soupir,
Les yeux tournés vers toi l'on me verra mourir !
Et tu regretteras, trop tard, l'amant qui t'aime
Et qui ne peut te voir à d'autre qu'à lui-même,
Préférant mille fois pour l'éternelle nuit
Descendre dans la tombe où tu l'auras conduit !
Or, mesdames, je viens, avant qu'on ne m'y couche,

Ouvrir mon cœur
Plein de douleur
A vous qui n'avez pas un cœur dur comme souche,
Une âme à faire un vilain tour ;
Qui de votre philosophie
Tirez des principes d'amour
Faisant aimer la vie,
Empêchant le retour
De la mélancolie,
Des chagrins, des soucis,
Des regrets, des ennuis,
De la noire cohorte
Qu'avec les passions le diable nous apporte...
Qui, que, quoi, mais
Prenons le frais
Et désormais
Veillons de près
Sur cet accès
D'amour mauvais
Qu'a Louise,
Ma promise. »

L'amour vrai c'est la vie et la félicité ;
On est heureux d'aimer, mais aimé l'on veut être ;
Un cœur aimant et tendre est tout plein de bonté,
Il offre en se donnant la joie et le bien-être,
Si donc le vôtre est fait pour l'infidélité,
Eh bien ! je ne veux plus vous voir ni vous connaître. »

LE BOUQUET DE JULIE

Je joins à votre nom, jeune et charmante amie,
Une fleur, un baiser, une pensée, un rien ;
L'amour en vous faisant vous a faite jolie,
Il vous donne pour plaire un gracieux maintien
Et ces charmes que l'œil devine ou perçoit bien.

J'aime à voir vos cheveux, vos beaux yeux, votre joue,
Un cou d'albâtre, un front où siége la candeur,
La bouche la plus rose où Cupidon se joue,
Imitant le Zéphyr sur la plus tendre fleur ;
Enfin tous vos attraits et votre belle humeur.

Je vois en vous, aimable et tendre jouvencelle,
Un cœur fait pour aimer, des yeux dont la prunelle
Lance autant de rayons que le soleil au jour ;
Ils sont heureusement doux comme votre amour
Et vous font aux deux miens paraître encor plus belle.

J'attribue à vos dons le sujet de ces vers,
Un ami vous les fait sans grâce et sans souplesse ;
La douleur, les chagrins l'assiégent sur ces mers,
Il ne peut oublier l'objet de sa tristesse,
Et pourtant vous voyez son faible et ses travers.

Je vous offre un œillet, du jasmin, une rose,
Un beau brin de myrte, une pensée, un lis,
L'amaranthe, l'aster, l'orobe à peine éclose ;
Il m'est doux d'ajouter la pervenche et l'iris,
Et la fleur d'oranger et le myosotis.

J'exprime avec l'œillet l'amour vif et fidèle ;
Une fleur de jasmin, c'est l'amabilité ;
La rose est votre emblême, elle est pour la beauté ;
Iris vous annonce une bonne nouvelle
Et mon cœur est joyeux d'y croire en verité.

Je dis que la pervenche est amitié solide ;
Une pensée a trait aux plus doux souvenirs ;
Le myrte est pour l'amour, petit dieu qui préside
Indubitablement à vos chastes plaisirs,
Et qui vous tient, je crois, le cœur sous son égide.

J'arrive au lilas blanc : jeunesse et majesté,
Un cœur comme le vôtre en a la pureté.
L'amaranthe pourprée est fleur de la constance,
Il est beau de la voir l'hiver comme l'été,
Et l'aster me rappelle ici votre élégance.

Je passe à cette fleur de la virginité ;
Un jour sur votre sein le dieu de l'hyménée,
Te souris dans les yeux, avec malignité,
Ira vous la poser pour toute la journée,
Et vous la porterez avec simplicité !

J'ajoute ici la fleur de la coquetterie,
Une belle de jour et sa timide sœur ;
La ketmie aussi, car elle vous dit jolie ;
Ici la sensitive enfant de la pudeur
Et le myosotis qui craint que je l'oublie.

Je n'en ai plus enfin qu'une à vous dénommer,
Une fleur du printemps, c'est l'orobe elle-même,
L'orobe qui me dit votre besoin d'aimer :
Il est temps, aimez ! Ah ! sans l'amour, bien suprême,
Est-ce qu'un cœur jamais peut battre et s'enflammer ?

J'aurais voulu pouvoir vous faire une couronne,
Un bouquet aussi beau que votre nom est doux ;
La déesse des fleurs n'est pas riche en automne,
Ici, dans ses jardins, j'ai moissonné pour vous
Et mon cœur vous a fait celui que je vous donne !

A un Ami

Qui me demandait des Vers pour une charmante Demoiselle.

1°

Etoile au front brillant, bel ange aux ailes d'or,
Les rayons de vos yeux sont des rayons de flamme,
Il vous faut leur donner un moins brûlant essor,
Si vous ne voulez pas martyriser mon âme
Et ce cœur qui vous aime et vous veut pour trésor.

2°

Oh! que ne puis-je voir comme vous tous les traits
De celle que je peins sous ses divins attraits!
De cette vierge amie aux lèvres si rieuses,
Aux longs et blonds cheveux dont les boucles soyeuses
Flottent sur son blanc col et le cachent au jour
Comme pour l'éviter d'un doux regard d'amour;

De cet ange au front pur, entouré de mystère,
Qu'on ne voit qu'à l'abri de l'aile de sa mère ;
De cette jeune fille au port majestueux,
A la taille de reine, aux contours onduleux,
Beauté qui, dans un bal, admirable valseuse,
Fait voir son petit pied, sa jambe gracieuse,
Tant ce cercle mouvant et flatteur à ravir
Tourbillonne gaîment ou vole de plaisir !
Mais vous, mon cher ami, plus que personne encore
Vous suivez, amoureux, celle qui vous honore,
Dont les dix-huit printemps sont ainsi qu'une fleur
Dont le parfum embaume et rafraîchit le cœur ;
Celle que je voudrais un peu par moi connaître
Et que vous n'auriez pas si de moi j'étais maître !
Celle dont le portrait m'est bien donné par vous,
Dont je caresse en vain tous les charmes si doux,
Qui plaît par ses vertus, son élégante mise,
Qu'on appelle, je crois, du joli nom d'Élise.

3°

Huit jours après, un Dimanche.

Mon ami, je l'ai vue en entrant au saint lieu !
Je l'ai vue, à genoux, dans son banc, priant Dieu !

Mon cœur me le disait, mes yeux ne voyaient qu'elle,
Non, rien qu'elle et sa sœur à la noire prunelle :
Eh ! que pouvais-je voir en ce jour solennel,
De plus beau, de mieux fait, invoquant l'Éternel ?
J'admirais en silence et mon âme ravie,
En lisant la fraîcheur, l'amour, la poésie
Et la grâce et l'esprit peints sur ces beaux visages,
Me fit, plutôt qu'à Dieu, leur rendre mes hommages :
Aussi n'irai-je plus au temple m'enflammer,
Oubliant que c'est Lui que mon cœur doit aimer ;
Je ne veux plus les voir vos beautés sans seconde ;
Portez donc mes adieux à la brune, à la blonde,
Et joignez-y les vœux que je forme en partant ;
Ah ! s'ils sont exaucés mon cœur sera content !

A UNE JEUNE FILLE
Me demandant ce que je pensais d'elle.

MADEMOISELLE,

L'amour seul veut guider votre cœur et vos pas,
C'est lui qui parle en vous, qui vous flatte tout bas,
Qui tantôt vous sourit et tantôt vous tourmente,
Vous promet des plaisirs, vous agite et vous tente,
Qui donne à vos beaux yeux leur brillante clarté,
A votre âme un rayon de douce volupté,
A votre voix l'écho, la douceur, la finesse,
A votre corps moulé la grâce et la souplesse,
C'est lui-même qui fait qu'on lit dans votre cœur,
Qu'on vous aime et vous voit pareille à cette fleur
S'inclinant aux baisers du tendre amant de Flore
Et se fermant le soir pour s'ouvrir à l'aurore.

SUR LA DEMANDE D'UN COLLÈGUE

(Déclaration)

Soupirez près de vous, entendre votre voix,
Attacher mes regards sur vos beaux yeux que j'aime,
Répondre à votre amour, me ranger sous vos lois,
Aimer à vous presser dans mon ardeur extrême,
Hélas ! mon cœur peut-être y songe trop de fois ?

QUESTION

———◆———

Vous, rempli de science
Et de saines raisons
Et fort d'expérience
Dans les quatre saisons,
Dites-moi donc, d'avance
S'il fera beau demain,
Ou mauvais comme on pense,
Ou si le temps, trompant toute espérance,
Passera, mobile, incertain,
Sur la plupart du genre humain?

A MADAME P. C......

Non, je ne me plais pas loin des miens et du monde,
Seul ici, sans abri, sur cette mer profonde :
Plaine qui d'un grand nombre est le champ du repos,
Où l'on ne voit ni croix, ni traces de tombeaux !
Où jamais un écho n'a redit la prière
De l'âme qui soupire en ce lac solitaire,
D'où les élans du cœur, les pensers douloureux,
Sont poussés vers ces bords où l'on vivait heureux,
Où mon âme en partant, de tristesse abîmée,
S'arrachait pour jamais d'une âme bien-aimée ! !
Non, je ne me plais pas sur ce vaste Océan,
Où je passe ma vie, où le jour est d'un an !

UN JOUR DE SOUFFRANCE ET D'ENNUI

PRIÈRE

O toi qui tout nous donne,
(Excepté nos défauts),
Grand Dieu ! je t'abandonne
Mes biens et ma personne,
Et t'offre tous mes maux,
Mes tourments, ma misère ;
Reprends tout, ô mon Père !
Car de tout je suis las,
Je souffre et désespère
De trouver ici-bas
Repos, bonheur et joie,
Quelques légers plaisirs !
Mon pauvre cœur se noie
Tout gonflé de soupirs,
De regrets, de tristesse,
Dans des flots qui sans cesse

Le brisent sur le bord
Des noirs rochers du port,
D'où mourant l'on ne sort
Que pour une autre vie ;
Car la mélancolie
C'est dans l'âme la mort !
Si tu veux que je vive
Et gémisse longtemps,
Que mieux je t'aime et suive
Tes saints commandements,
Viens donc à moi, je tombe,
Je m'égare en plein jour,
Sans un rayon d'amour
L'homme à la fin succombe !
Donne-m'en pour t'aimer,
Te servir sur la terre,
Tu peux en enflammer
Tout cœur qui se resserre,
Mon pauvre cœur souffrant
Qui de toi seul espère
Cet amour consolant.
Fais qu'à ma dernière heure
Mon âme, ô divin Roi !
Sortant de sa demeure
S'élève jusqu'à toi ;

Que j'admire tes anges
Et tes saints inclinés
Qui, chantant tes louanges,
Jouissent, étonnés
De voir de ton visage
L'éclat majestueux
Effaçant tout nuage
De la terre et des cieux!
O Dieu plein de tendresse,
S'il faut pour t'aller voir
Qu'à toi je me confesse,
Sous ce rayon d'espoir,
Coupable, je t'adresse
Un cœur bien repentant
De tout ce qui te blesse;
Pardonne à ton enfant
Sa trop grande faiblesse
O Père-Tout-Puissant !
Et toi, Reine des Cieux, qu'aussi parfois j'oublie,
Redouble mon amour, et viens, je t'en supplie,
Quand j'aurai bu le fiel
Dont ma couple est remplie,
O viens me recevoir à la porte du ciel !

ÉPIGRAMME

Combien peu d'innocents, hélas ! seraient élus
Du grand nombre de gens qu'en ces beaux lieux j'ai vus !
Il en est tant qui vont médire à chaque porte
Avec un air plaignant sous coiffe de dévote,
Ainsi que certains sots, fiers, méchants, orgueilleux,
Non moins jaloux de voir qu'on ne dépend pas d'eux,
Et qu'on sait mépriser leur vil et noir langage :
Ah ! de tous ces gens-là que chacun s'en dégage.

Eh quoi ! vous voulez me connaître ?
Mon nom est là sous vos beaux yeux,
Il est de vous connu peut-être,
Lisez-le, sexe curieux,
Et soumis à votre critique,
Demain, aujourd'hui, tous les jours
Aiguisez votre esprit caustique :
Vous saurez que mon cœur toujours
Insensible aux blessants discours
Demeure calme et sans réplique.

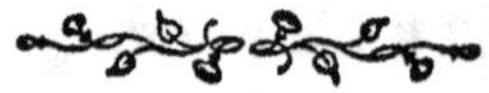

TABLE DES MATIÈRES

Saint-Malo. E. Renault, imprimeur, Place Duguay Trouïn.